Die Keckswerkstatt

In Kindern die Freude
am Malen wecken

Nicole Hankammer
Saskia Kaiser-Herz

Die Kleckswerkstatt

In Kindern die Freude am Malen wecken

ENGLISCH VERLAG

Nicole Hankammer
studierte Modedesign in München und Mainz. Seit 2000 ist sie als freischaffende Künstlerin in den Bereichen Malerei, Design und Grafik tätig. Ihre Werke sind in zahlreichen Ausstellungen und Privatsammlungen vertreten.

Saskia Kaiser-Herz
studierte Wirtschaftswissenschaften, Sprachen und Pädagogik in Göttingen und Kiel. Sie ist als freischaffende Künstlerin in den Bereichen Malerei und Plastik tätig. Auch ihre Werke befinden sich in privaten Sammlungen.

Die beiden Autorinnen gründeten im Jahr 2003 die Kleckswerkstatt in Wiesbaden, in der Kunstkurse für Kinder ab drei Jahren angeboten werden. 2004 organisierten sie eine Ausstellung für die Kinderkunstwerke, die in der Kleckswerkstatt entstanden sind.

www.kleckswerkstatt.de

Bibliografische Information der Deutschen Bibliothek
Die Deutsche Bibliothek verzeichnet diese Publikation in der Deutschen Nationalbibliografie;
detaillierte bibliografische Daten sind im Internet über https://portal.d-nb.de abrufbar.

ISBN: 978-3-8241-1358-3

Fotos: Nicole Hankammer, Frank Schuppelius
*1 *2 Zitate Seite 58 und 62: „Pollock", Leonhard Emmerling. Taschen Verlag, 2003. S. 65
Printed in Germany 2 3 4 5 6 – 14 13 12 11 10

Inhaltsverzeichnis

Vorwort

Mit der Gründung der Kleckswerkstatt, einer privaten Kunstschule in Wiesbaden, war die Idee verbunden, Kinder bereits im Kindergartenalter an Kunst heranzuführen.

Ganz bewusst entschieden wir uns für die Altersklasse ab drei Jahren, da Kinder in diesem Alter noch vollkommen frei und unbeeinflusst an das Malen herangehen. Sie haben ihre ganz eigene Sicht der Dinge und sind mit einer beneidenswerten Kreativität und spielerischen Leichtigkeit gesegnet, die sich mancher Maler wünscht, der ratlos vor seiner Leinwand steht und unsicher ist, wie der nächste Pinselstrich gesetzt werden soll. Kinder malen nicht ergebnisorientiert, sie malen um des Malens willen; der Prozess ist wichtiger als das Ergebnis. Um so verblüffender ist es, dass dabei sehr oft faszinierende Bilder entstehen, die in ihrer Einfachheit und Abstraktion eine künstlerische Ausdruckskraft besitzen, die von Erwachsenen oftmals angestrebt, aber nur mühsam erreicht wird. Ziel unserer Arbeit und dieses Buches ist es, Spaß am Malen zu vermitteln, indem wir zeigen, wie Eltern und Kinder gemeinsam mit Farben, Materialien und Techniken experimentieren können.

Es geht uns nicht darum, Kindern Zeichnen im Sinne einer Zeichenschule beizubringen. Wir teilen nicht in gute und weniger gute Bilder ein; jedes Bild steht für sich selbst. Was wir aber in diesem Buch mit dem Vorstellen einiger Arbeiten und Herangehensweisen vermitteln möchten, ist, wie Sie Ihre Kinder neugierig auf kreatives Gestalten machen können.

Neugier wird nicht geweckt, indem man ein Objekt einfach auf Leinwand abbildet. Kinder wollen Dinge ganzheitlich erfahren, alle Sinne wol-

len angesprochen sein. Sie wollen Geschichten hören, wollen sehen, wollen anfassen, wollen untersuchen, „be-greifen“, letztlich wollen sie erleben. Wir fordern die Kinder auf, sich aktiv einzubringen und von ihren Erfahrungen zu berichten. Dazu beleuchten wir ein Thema von verschiedenen Seiten und erarbeiten gemeinsam mit den Kindern alles für sie Wissenswerte. So ist es auf ganz spielerische Art und Weise möglich, Kindern eine Idee davon zu vermitteln, was die „großen“ Malerinnen und Maler der Kunstgeschichte geleistet haben und was wir von ihnen lernen können. Anhand einiger Beispiele möchte dieses Buch Ihnen zeigen, wie Sie die angeborene Neugier Ihrer Kinder wecken und wie Sie ihnen Lust auf Kunst machen können.

Nach dem Ausprobieren und Nachvollziehen der in diesem Buch vorgestellten Ideen ist es durchaus möglich, dass Ihre direkte Malumgebung etwas farbenfroher als zuvor aussehen wird. Einige Tipps in der Einleitung sollen Ihnen helfen, wie Sie trotzdem einfach zu Hause unsere Ideen umsetzen können. Sollten Sie sich dennoch über den ein oder anderen Farbklecks ärgern, der beim Malen nicht auf der Leinwand landet, so sei Ihnen versichert: Sie werden bestimmt dafür entschädigt, wenn Sie sehen, wie bemüht, konzentriert und versunken die Kinder beim Malen sein können und wie stolz sie auf ihr Werk sein werden. Auch bei unserer Arbeit mit den Kleckskindern ist dies für uns immer wieder Freude und Ansporn zugleich.

Nicole Hankammer

S. Kaiser-Herz

Materialien und Arbeitsplatz

Kindgerechte Farben

Motivation:
Grundsätzlich stellt sich die Frage, welche Materialien benötigt werden und wie eine kindgerechte Malumgebung auszusehen hat. Im Folgenden möchten wir Ihnen hierzu hilfreiche Tipps geben.

Zunächst ist zu klären, welche Farbarten für Kinder geeignet sind. Bei der Wahl der Farben sind kaum Grenzen gesetzt. Da die meisten Kinder bereits Erfahrungen mit Wasserfarben, Wachsmalkreiden und Buntstiften haben, soll bewusst mit Farbarten gemalt werden, die für die Kinder neu sind: mit Acryl- und Gouachefarben.

Der große Vorteil von **Acrylfarben** liegt in ihrer Vielseitigkeit. Man kann Acrylfarben pastos, also deckend, auftragen, sie mit Wasser verdünnt lasierend verwenden oder mit diversen Strukturpasten mischen. Acrylfarben lassen sich, solange sie noch nass sind, wieder auswischen und übermalen. Sie **trocknen sehr schnell**, was bei der Arbeit mit Kindern von Vorteil ist, da Kinder oftmals mehrere Farbschichten schnell übereinander malen, und die Farben dann nicht zu unansehnlichen Brauntönen verschmieren. Acrylfarben ermöglichen somit eine spontane Arbeitsweise, die Kindern sehr entgegenkommt. Zudem entstehen beim Trocknen keine Risse in den Farbflächen, und nicht zuletzt besitzen Acrylfarben eine **hohe Farbintensität** und **Leuchtkraft**.

Acrylfarben werden auf Kunstharzbasis hergestellt und enthalten Weichmacher, die dafür sorgen, dass das enthaltene Kunstharz geschmeidig wird. Sie sind also für Kinder **nur unter Aufsicht eines Erwachsenen** einsatzfähig. Sie lassen sich aus Textilien nur entfernen, solange sie nass sind. Einmal getrocknet, ist Acrylfarben selbst mit starken Lösungsmitteln nicht mehr beizukommen. Deshalb ist es ratsam, Acrylfarben nur dann zu verwenden, wenn Ihre Malumgebung auch etwas Farbe abbekommen darf, z. B. wenn Sie im Freien malen.

Ist dies nicht der Fall, so ist die Verwendung von **Gouachefarben** empfehlenswert. Sie bieten, abgesehen von einer etwas geringeren Leuchtkraft, dieselben Vorteile wie Acrylfarben. Sie werden aber nicht auf Kunstharzbasis, sondern auf **Wasserbasis** hergestellt und sind deshalb für Kinder im Kindergartenalter besser geeignet. Gouachefarben sind auch getrocknet wieder

Für die Malerei mit Kindern sind u.a. Acryl- und Gouachefarben geeignet.

auswaschbar. Ein Nachteil der Gouachefarben ist jedoch, dass sie zu Rissbildungen neigen, sollte der Farbauftrag zu dick sein, was gerade bei Kindern oft vorkommt.
Manchmal werden recht preisgünstige **Ölfarben** in Malkästen angeboten. Damit tut man Kindern aber nichts Gutes. Ölfarben sind in unseren Augen für Kinder ungeeignet, denn zum einen sind deren Inhaltstoffe nicht unbedenklich und zum anderen entspricht ihre Anwendung nicht den Bedürfnissen von Kindern: Ölfarben trocknen über Monate hinweg nur sehr langsam, und es kann einige Wochen dauern, bis eine neue Farbschicht angelegt werden kann.

Tipp
Um Rissbildungen zu vermeiden, empfehlen wir Ihnen, den Gouachefarben etwas Glyzerin beizufügen, das in jeder Apotheke erhältlich ist. So werden die Farben etwas geschmeidiger.

Die Malgründe

Als Malgrund eignet sich grundsätzlich jede Art von **Papier**, solange es eine gewisse Stärke hat. Geeignet ist eine Papierstärke ab 160 g/m², denn bei der Anwendung von Acryl- und Gouachefarben würde zu dünnes Papier durchweichen und möglicherweise sogar einreißen.
Leinwände auf Keilrahmen sind stabiler und haben den Vorteil, dass sie sofort, ohne aufwändige Rahmung, aufgehängt werden können, was Kinder sehr schätzen. Es gibt auch die Möglichkeit, vorgefertigte Holzleisten selbst zusammenzubauen und anschließend mit Leinwand zu bespannen und eventuell noch vorzugrundieren. Dies ist eine etwas zeitintensive Vorarbeit, die sich aber in Hinblick auf die Vermittlung von Hintergrundswissen lohnt, zumal Kinder in der Regel Spaß daran finden, ihr Bild von Anfang bis Ende selbst gestalten zu können.
Man kann auch so genannte **Malplatten** verwenden, die in verschiedenen Formaten erhältlich sind. Sie sind mit einem Baumwollgewebe bezogen und vermitteln ein ähnliches Malgefühl wie eine Leinwand. Hinzu kommt, dass sie in der Regel preisgünstiger als Leinwände sind.

Tipp
Bauen Sie gemeinsam mit Ihrem Kind einen Keilrahmen.

Die Kinder können auf Papier, Malpappen und Leinwänden malen.

Malkleidung und Arbeitsumgebung

Ganz besonders wichtig ist es, die Kinder vor Malbeginn richtig anzuziehen. Unter den obligatorischen Malkitteln in Form von ausrangierten Herrenhemden oder T-Shirts sollte Kleidung getragen werden, die schmutzig werden darf. Hinweisen möchten wir vor allem auf die Verwendung von altem Schuhwerk. Manchmal reicht auch einfach ein altes Paar Socken aus.

Die Arbeitsumgebung sollte kreativ gestaltet sein und gute **Lichtverhältnisse** bieten. Eine angenehme Atmosphäre erhalten Sie, indem Sie einen Platz schaffen, an dem sich Kinder kurz zurückziehen können, wenn sie eine Pause brauchen. Legen Sie während des Malens ruhige, angenehme Hintergrundmusik ein.

Unbedingt notwendig ist ein **Wasseranschluss**, nicht nur, damit sich die Kinder Ihre Hände zwischendurch reinigen können, sondern auch, um Pinsel und andere Malutensilien einweichen zu können. Acrylfarbe sollte stets sofort entfernt werden, da sie nach dem Eintrocknen nicht mehr auswaschbar ist. Ideal ist ein abwaschbarer Boden, da so mancher Klecks daneben gehen wird, und weil Kinder sehr gerne beim Malen auf dem Boden liegen. Legen Sie dazu ein großes **Malbrett** als Unterlage unter den Malgrund. Ist ein

Alte Kleidung ermöglicht ein ungezwungenes „Klecksen".

abwaschbarer Boden nicht vorhanden, so empfiehlt es sich, den Boden mit einer Plastikfolie oder mit Malerkrepp abzudecken. Nicht geeignet ist ein altes Leinentuch, da es die Farbe aufnimmt und durchlässt. Der **Maltisch** (idealerweise auf Kinderhöhe) ist mit Plastikfolie abzukleben. Natürlich ist es für Kinder toll, auf einer echten Staffelei zu malen, doch eine Anschaffung ist für die ersten Versuche nicht notwendig. Sollten Sie sich jedoch für den Kauf entscheiden, so achten Sie darauf, dass diese auf Kinderhöhe einstellbar ist.

Besonders gut als Farbträger erweisen sich alte Teller, die mit Wasser leicht gereinigt und wieder verwendet werden können. Beim Gebrauch einer Palette vermischen sich gerade bei Kindern oftmals die Farben. Um mit einem unvermischten Farbton malen zu können, ist es ratsam, den Kindern ein paar saubere **Plastikbecher** (z. B. leere Joghurtbecher) zur Verfügung zu stellen, in denen die Farben nicht ineinander fließen können.

Zu einer guten Malumgebung gehören zwingend viele alte **Tücher**, sei es um Strukturen in der Bildoberfläche zu schaffen, um Pinsel abzustreifen, sich die Hände abzuwischen oder einfach nur um Farbkleckse aufzunehmen.

Tipp

Sollten die Kinder an der Staffelei malen, bieten Sie ihnen Abstellmöglichkeiten für ihre Farbtöpfchen an, z. B. in Form eines alten Hockers, da Kinder noch nicht die Kraft haben, über längere Zeit hinweg eine Palette zu halten.

Kinder liegen beim Malen auch gern auf dem Boden.

Hilfsmittel für den Farbauftrag

Als Hilfsmittel für den Farbauftrag eignet sich jede Art von **Pinsel**. Sie sollten unterschiedliche Größen wählen und verschiedene Formen (Rund- und Flachpinsel). Es ist nicht notwendig, teure Naturhaarpinsel anzuschaffen; gewöhnliche Borstenpinsel reichen aus. Wir empfehlen, keine Haarpinsel zu kaufen, da diese oftmals die Haare verlieren. Kinder arbeiten auch sehr gerne mit klein geschnittenen **Schwämmen**, um größere Flächen zu grundieren.

Zum Auftragen von Spachtelmassen sind gewöhnliche **Spachtel** oder zurechtgeschnittene stabile **Pappe** sinnvoll. Sehr oft verzichten Kinder jedoch auf sämtliche Hilfsmittel beim Malen und benutzen einfach ihre **Hände** oder Dinge, die sie in ihrer unmittelbaren Umgebung vorfinden, als Ersatz.

Es darf auch mit den Händen gemalt werden.

Hilfsmittel für die Oberflächengestaltung

Bei einigen Bildern, die in diesem Buch vorgestellt werden, kommen neben den Farben auch Hilfsmittel zum Einsatz, die die Oberflächenstruktur verändern. Hierzu zählen z. B. Spachtelmasse, Gips, Tapetenkleister, Sand, getrocknete Hülsenfrüchte, Tapetenreste und unterschiedliche Papiere. Mit Hilfe dieser Materialien lassen sich sehr interessante Strukturen erzeugen, die den Bildern **Tiefe** verleihen. Zum Auftragen dieser Hilfsmittel benutzt man entweder einen Spachtel, die Hände oder, im Falle der Papiere, einen Acrylbinder. Das Problem beim Arbeiten mit diesen Materialien liegt darin, dass der Trocknungsprozess relativ langwierig ist, Kinder aber am liebsten gleich ein Resultat sehen möchten. Sollten die Kinder also noch nicht die Geduld aufbringen, einen **längeren Trocknungsprozess** abzuwarten, ohne das Interesse am Malen zu verlieren, dann sollten Sie einen Föhn verwenden, mit dessen Hilfe der Trockenvorgang beschleunigt werden kann. Es ist allerdings ratsam, die Kinder auf die Gefahren beim Einsatz eines Föhns aufmerksam zu machen.

Tipp

Achten Sie beim Föhnen der Oberflächen unbedingt darauf, dass der Föhn nicht zu nahe an das Bild gehalten wird, da sonst durch die große Hitze Risse in den Farben und der Oberflächenstruktur entstehen können.

Föhnen beschleunigt den Trocknungsprozess der Farben.

Materialien zur Oberflächengestaltung

Themenvorbereitungen

Kindgerechte Themeneinführung

Die Themen sollten interessant und einfallsreich für die Kinder vorbereitet werden.

Die Themen sollten interessant aufbereitet und mit den Kindern erarbeitet werden, denn nur so kann man die Neugier und das Interesse der Kinder wecken. Versuchen Sie, die Kinder so viel wie möglich in die Diskussion einzubeziehen und nehmen Sie sich gemeinsam vor dem eigentlichen Malprozess die Zeit, sich – in einem Kreis auf dem Boden sitzend – in ein Thema hineinzufinden.

Erfahrungsgemäß haben die Kinder viel Spaß daran, das eigentliche Thema selbst zu erraten. Dazu kann man sich z. B. eines beliebten Kinderspiels, der so genannten **Flüsterpost**, bedienen. Dabei sitzen die Kinder im Kreis. Der Erwachsene flüstert dem ersten Kind das Thema ins Ohr, und dieses Kind flüstert das Gehörte wiederum seinem Nachbarn weiter leise in dessen Ohr. Dies geht so weiter, bis die Post das letzte Kind im Kreis erreicht hat. Dieses Kind darf nun laut sagen, was es verstanden hat – meist kommen dabei recht lustige Dinge heraus, die auch zu einer Abwandlung des vorgesehenen Themas führen können.

Eine weitere Methode, ein Thema einzuführen, ist die **Überraschungskiste**. In der Überraschungskiste befinden sich lauter Gegenstände, die in irgendeiner Beziehung zum eigentlichen Thema stehen. Die Kinder werden aufgefordert, mit geschlossenen Augen in die Kiste zu greifen. Dort sollen sie erfühlen und erraten, was sie in

Die Themen lassen sich mit Hilfe der Flüsterpost weitergeben.

den Händen halten. Haben alle Kinder ein Objekt gefühlt, erraten, herausgenommen und erkannt, können sie gemeinsam überlegen, in welcher Beziehung die Dinge zueinander stehen und was das übergeordnete Thema sein könnte. Im Anschluss kann das Thema vertieft werden, indem altersgerecht aufbereitetes Anschauungsmaterial gezeigt wird. Wenn sich ein sinnvoller Bezug herstellen lässt, kann man auch einen Blick in die Kunstgeschichte wagen.

Dies sind nur zwei Methoden, die zeigen, wie man einen Einstieg in ein Thema finden kann, das im Anschluss umgesetzt werden soll. Die Ideen hierzu sind unerschöpflich. Jedes Thema verlangt eine eigene Annäherung, und für Kinder gilt: je abwechslungsreicher, desto interessanter und besser. In den folgenden Kapiteln werden wir uns daher jeweils zu Beginn bemühen, einige Vorschläge zum Einstieg in das Thema zu machen.

Wissenswertes

Da Kinder im Kindergartenalter unserer Erfahrung nach Objekte und Stillleben während des Malens nur selten eines Blickes würdigen, empfehlen wir, die **Themen zu Beginn mit den Kindern ausführlich zu besprechen** mit dem Ziel, dass sie möglichst viele Anregungen erhalten, um das Thema später auf der Leinwand umzusetzen.

Die Überraschungskiste hält spannende Objekte bereit.

Die Farbwahl

Das Angebot an Farbtönen im Fachhandel ist sehr groß. Gerade für Kinder ist es aber nicht erforderlich, die gesamte Palette an Farbtönen zu kaufen, denn alle erdenklichen Farbtöne lassen sich bereits mit einem geringen Grundbestand an Farben selbst mischen. Das Mischen der Farbtöne bereitet Kindern nicht nur Spaß, es fördert auch das Wissen um die Entstehung von Farben. Mit einiger Übung können Kinder nach einer Weile die Farben bereits „im Kopf" mischen und wissen genau, zu welchen Farben sie greifen müssen, um einen bestimmten Farbton zu erzielen. Wir empfehlen die Anschaffung der Primärfarben Cyanblau, Magenta und Gelb (Yellow). Bitte achten Sie beim Kauf genau auf diese Bezeichnungen, da andere, nicht reine Rot-, Blau- oder Gelbtöne in der Regel nicht zu den gewünschten Mischtönen führen. In jedem Fall benötigen Sie auch Weiß und Schwarz zum Aufhellen bzw. zum Abdunkeln der Farbtöne. Der Kauf von fertig vorgemischten Farbtönen empfiehlt sich nur, wenn größere Mengen davon benötigt werden.

Kleine Farbenlehre

Wenn man mit Kindern arbeitet, ist es von Vorteil, wenn man Farbtöne zügig und sicher anmischen kann, ohne vorher lange ausprobieren zu müssen, wie man zu bestimmten Farbtönen gelangt, denn meistens können die Kinder es nicht erwarten, endlich mit dem Malen zu beginnen. Wir empfehlen **selbst gemischte Farben** zu verwenden. Zum einen wirken die Farbharmonien interessanter, zum anderen erlangen die Kindern durch das eigenständige Mischen ein Verständnis für die Komposition von Farben.
Die Kenntnis der Farbenlehre ermöglicht Ihnen den gezielten Einsatz von Farbwirkung und das Erzeugen von Stimmung und Tiefe.

Die **Primärfarben** sind **Rot** (Magenta) **Gelb** (Yellow) und **Blau** (Cyan). Diese Grundfarben können aus keiner anderen Farbe ermischt werden. Aus diesen drei Grundfarben sowie mit Schwarz und Weiß kann man theoretisch alle Farben mischen. Sie liegen auf dem Farbkreis in gleichen Abständen voneinander entfernt.
Die **Sekundärfarben** werden aus jeweils zwei Primärfarben gemischt und stehen im Farbkreis genau in der Mitte zwischen den beiden gewählten Primärfarben.
Die **Tertiärfarben** werden jeweils aus einer Primär- und einer Sekundärfarbe gemischt.

Tipp
Eine besonders anschauliche Art der Darstellung des Farbkreises ist die „Künstler-Farbmischscheibe", die im Fachhandel erhältlich ist. Da sie in sich drehbar ist, können selbst kleine Kinder schnell erfassen, wie sich Farbtöne zusammensetzen.

Ein Farbkreis wird erstellt.

Das Ergebnis lässt sich sehen.

Man unterteilt die Farben in **warme** und **kalte Farben**. Im warmen Bereich verläuft das Farbspektrum von Gelb über Orange bis Rot-Violett und im kalten Bereich von Gelb-Grün bis Violett. Die unbunten Farben Schwarz und Weiß dienen zum Aufhellen oder Abdunkeln von Farbtönen. Ganz speziell wollen wir kurz auf den so genannten Komplementärkontrast bzw. die Komplementärfarben eingehen. **Komplementärfarben** nennt man die Farben, die sich im Farbkreis gegenüber liegen, z. B. ist Rot die Komplementärfarbe von Grün und umgekehrt. Verwendet man diese Farben beim Malen nebeneinander, steigern sie gegenseitig ihre Wirkung, man spricht dann von einem **Komplementärkontrast**. Mischt man sie miteinander, erhält man ein Braun.

Wenn Sie Kindern Farben reichen, dann tropfen Sie die Farben in Töpfchen, ohne diese zu vermischen. Lassen Sie die Kinder die Farben selbst verrühren, damit sie ein Gefühl für das Mischen entwickeln können.

Die Primärfarben

Rot (Magenta) *Gelb (Yellow)* *Blau (Cyan)*

Die Sekundärfarben

Rot (Magenta) und Gelb (Yellow) ergeben ***Orange****;*

Rot (Magenta) und Blau (Cyan) ergeben ***Violett****;*

Blau (Cyan) und Gelb (Yellow) ergeben ***Grün****.*

Die Tertiärfarben (eine Auswahl)

Rot (Magenta) und Orange ergeben ***Rot-Orange****;*

Rot (Magenta) und Violett ergeben ***Rot-Violett****;*

Blau (Cyan) und Violett ergeben ***Blau-Violett;***

Blau (Cyan) und Grün ergeben ***Blau-Grün****;*

Gelb (Yellow) und Grün ergeben ***Gelb-Grün****;*

Gelb (Yellow) und Orange wird ***Gelb-Orange****.*

Tipp

Um ein gutes Ergebnis beim Nachmischen des Farbkreises zu erzielen, empfehlen wir, beim Kauf der Grundfarben auf die genaue Bezeichnung zu achten, nämlich Magenta, Yellow und Cyan.

Malen leicht gemacht

Arbeiten mit Schablonen

Märchen malen

Kleine Kinder, die noch sehr wenig Erfahrung mit Farben und Pinseln haben, trauen sich manchmal nicht zu, ein vorgegebenes Thema malerisch umzusetzen. Um ihnen den Einstieg in die Malerei zu erleichtern und zu Beginn ein Erfolgserlebnis zu ermöglichen, kann auf die Schablonentechnik zurückgegriffen werden.
Der Einsatz von Schablonen ist vertretbar, solange er sich lediglich auf einen kleinen Teil des Motivs beschränkt und den Kindern noch genügend Raum für ihre eigenen Ideen lässt. Es werden bewusst keine Vorlagen für Schablonen in diesem Buch abgedruckt, sondern auf Ihre Kreativität beim Erstellen der Schablonen gesetzt!

Als Einstieg in das Thema kann man ein Märchen vorlesen und dieses mit den Kindern besprechen. Eine andere, etwas anspruchsvollere Möglichkeit ist es, gemeinsam mit den Kindern ein eigenes Märchen zu entwickeln. Die einzige Vorgabe dabei ist es, die Motive, die nachher auf Leinwand gemalt werden sollen (Prinzessin, König, Märchenschloss und Drachen), in dieses Märchen einzubauen.

Übung in Schrittfolgen:
Von Prinzessinnen, Königen, Schlössern und Drachen

Material
- *vier Leinwände, je 20 x 20 cm, weiß grundiert*
- *Papier, mindestens 250 g/qm*
- *Gouachefarben nach Belieben und in Gold*
- *Borstenpinsel Gr. 22, 16 und 4*
- *Schwämme*
- *Cuttermesser und Schneideunterlage*
- *evtl. Föhn*
- *Anschauungsmaterial: Märchenabbildungen*

1. Schritt:
Schablone ausschneiden

2. Schritt:
Leinwand grundieren

1. Schritt

Im ersten Schritt werden die vier verschiedenen Schablonen für die Bilder angefertigt. Dazu zeichnet ein Erwachsener die Motive der Prinzessinnenkrone, der Königskrone, des Drachens und der Dächer der Schlosstürmchen auf ein stabiles Papier. Zum Ausschneiden der Schablonen verwendet man ein Cuttermesser und eine Schneideunterlage.

2. Schritt

Danach legen die Kinder den Hintergrund der Bilder an. Der Auftrag der mit etwas Wasser verdünnten Gouachefarbe kann wahlweise mit Pinseln oder Schwämmen erfolgen.

Wir empfehlen für das Prinzessinnenbild einen rosafarbenen Hintergrund, für das Königs- und das Schlossbild einen hellblauen und für den Drachen einen roten Hintergrund. Die Kinder können auch gerne ihre eigenen Farbwünsche verwirklichen. Achten Sie darauf, dass auch die Ränder der Leinwände grundiert werden. Anschließend kann der Hintergrund trocken geföhnt werden.

3. Schritt:
Farbe auftupfen

3. Schritt

Im dritten Schritt legen die Kinder die Schablonen auf die Leinwände. Für die Kronen von Prinzessin und König tupfen die Kinder goldene Farbe mit einem Schwamm auf. Genauso gehen sie bei den Dächern der Schlosstürmchen vor. Der Drache wird mit grüner Farbe aufgetupft.

Achten Sie beim Auftupfen der einzelnen Motivelemente darauf , dass sich die Schablonen nicht verschieben und das Motiv dadurch nicht mehr erkennbar ist. Dies gilt auch beim Abziehen der Schablonen. Anschließend dürfen die Kinder die Leinwände trocken föhnen.

4. Schritt:
Details ergänzen

4. Schritt

Abschließend werden die Motive nach Belieben von den Kindern ergänzt, so zum Beispiel das Gesicht von Prinzessin und König, der Drache mit Schnee oder Feuer und das Märchenschloss mit seinen Türmchen und Toren. So entstehen trotz der Anwendung der Schablonentechnik sehr unterschiedliche Bilder, die einen individuellen Charakter aufweisen.

Freies Gestalten

Früchte malen

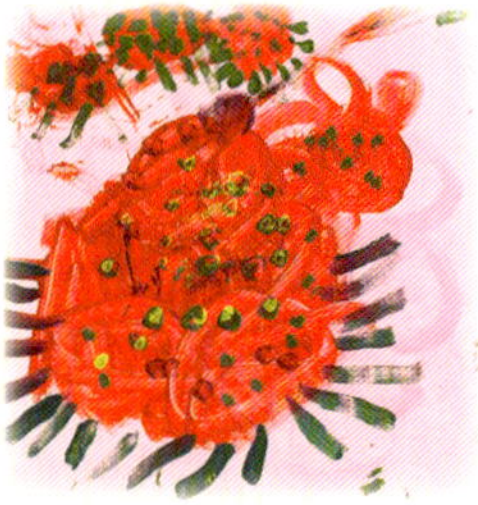

Um beispielsweise das Thema „Erdbeeren" besonders anschaulich zu gestalten, können Sie sich mit den Kindern **Erdbeerstauden**, die idealerweise sowohl Blüten, unreife grüne Früchte als auch reife Erdbeeren tragen, genau ansehen. Die Kinder sollen beschreiben, was sie sehen, riechen und fühlen können. Dabei können Sie den Kindern gezielte Fragen stellen, wie z. B.:

- Wie riecht die Erdbeere, wie schmeckt sie?
- Wann ist bei uns Erdbeerenzeit?
- Was kann man aus Erdbeeren machen?

Erzählen Sie den Kindern, dass es mehr als 30 verschiedene Arten von Erdbeeren gibt. Sie wachsen nicht in der Erde, wie der Name **Erd-Beere** vielleicht vermuten ließe, sondern an Stauden. Erdbeere bedeutet **„Beere nahe der Erde"**. Die eigentlichen Früchte sind nicht die roten, fleischigen Erdbeeren, sondern die gelben Nüsschen, die auf dem roten Fruchtboden sitzen. Die Staude hat seidenhaarige, meist dreizählige Blätter.

Es ist wichtig, die **Beobachtungsgabe** der Kinder zu schulen. Weisen Sie die Kinder deshalb auch auf die kleinen Details hin, damit auch diese in ihre Bilder einfließen können. Ist das Thema besprochen und sind alle Fragen geklärt, kann mit dem Malen begonnen werden.

Echte Erdbeeren veranschaulichen das Thema.

Übung in Schrittfolgen: Erdbeeren

Material

- *Leinwände, 30 x 30 cm, weiß grundiert*
- *Gouachefarben in Titanweiß, Brillantgelb, Brillantrot, Grün und Schwarz*
- *Borstenpinsel Gr. 22, 16 und 4*
- *evtl. Föhn*
- *Anschauungsmaterial: Erdbeeren und Erdbeerstaude*

1. Schritt

Zunächst sollte die Hintergrundfarbe gewählt werden. Hier wird Rosa ausgesucht, das aus viel Weiß und wenig Brillantrot gemischt wird. Alternativ wäre auch ein hellgrüner Hintergrund vorstellbar.

Achten Sie auf die Ränder der Leinwand. Es ist empfehlenswert, diese auch farblich zu gestalten, denn es wirkt schöner, wenn die Kunstwerke später aufgehängt werden. Um Spannung im Bild zu erzeugen, sollte der Farbauftrag des Hintergrundes lebendig gestaltet werden. Wenn Hintergrund und Ränder mit dem großen Pinsel (Gr. 22) fertig gemalt sind, muss alles trocknen oder mit Hilfe eines Föhns getrocknet werden, damit sich die nächsten Farbschichten nicht miteinander vermischen.

Achtung!
Bitte nicht zu viel Rot in das Weiß mischen, denn die Erdbeeren sollten sich farblich vom Hintergrund gut abheben.

1. Schritt:
Leinwand grundieren

2. Schritt:
Erdbeeren malen

Achtung!
Beim Mischen von Grün bzw. Rot mit Schwarz beachten Sie bitte, dass die Farbe bei zu viel Schwarz zu dunkel wird.

2. Schritt

Jetzt dürfen die Kinder mit roter Farbe die Früchte auf die Leinwände malen. Dabei sollten sie frei entscheiden dürfen, wie ihre Früchte aussehen und wie viele es sein sollen. Während das Rot trocknet, mischen Sie mit den Kindern die Farbe für die Stempel und die Blätter der Erdbeeren. Hierzu verwenden Sie Grün mit nur wenigen Tropfen Schwarz. Achten Sie darauf, dass das Grün nicht zu dunkel wird. Mit einem Borstenpinsel der Größe 16 werden die Blätter und die Stempel angelegt. Hierbei ist es wichtig, dass das Rot der Erdbeere wirklich trocken ist, denn sonst mischen sich die Komplementärfarben Rot und Grün zu einem ungewollten Braungrau.

3. Schritt:
Nüsschen auftupfen

3. Schritt

Zum Schluss werden mit dem kleinsten Pinsel (Gr. 4) die gelben Nüsschen in Grün und Gelb aufgetupft. Hierbei ist die Mischung der beiden Farben beim Auftragen interessant. Zunächst sollen die Kinder kleine Punkte in Grün auftupfen, anschließend werden die gelben Nüsschen direkt darüber getupft. So erhalten Sie eine Mischfarbe direkt auf der Leinwand. Erinnern Sie die Kinder ruhig an Kleinigkeiten, wie beispielsweise die Nüsschen, falls sie diese vergessen. Vermeiden Sie jedoch, selbst in das Malgeschehen aktiv einzugreifen. Es ist weniger wichtig, wie das Ergebnis ausfällt, vielmehr sollen die Freude am Malen und der Umgang mit dem Material im Vordergrund stehen. Nach getaner Arbeit dürfen die kleinen Künstler alle Erdbeeren aufessen.

Tipp

Manchmal kommt es vor, dass Kinder zu lang an einem Bild arbeiten. Dadurch wird das Bild, das eigentlich schon fertig war, „zugemalt“. Um den Malfluss nicht zu unterbrechen, empfiehlt es sich, die Leinwand zum richtigen Zeitpunkt gegen ein Blatt Papier auszutauschen, auf dem die Kinder weiter kreativ sein dürfen.

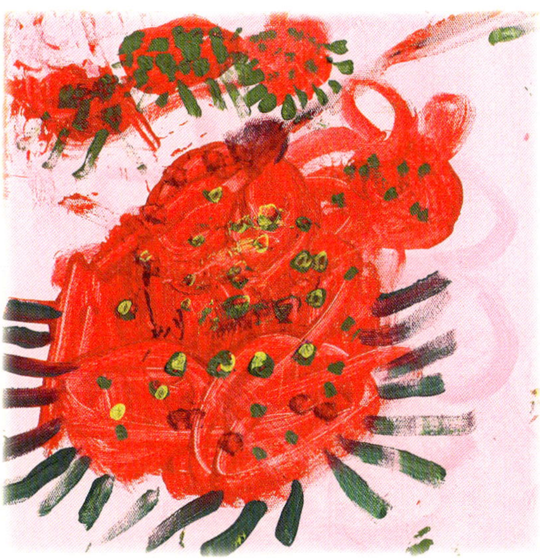

Strukturen und Collagen

Arbeiten mit Spachtelmasse

Höhlenmalerei

Die Höhlenmalerei ist für Kinder ein faszinierendes Thema und bietet unendlich viele Möglichkeiten, den Kindern auf spannende Weise vermittelt zu werden. Fragen Sie zunächst die Kinder, ob sie schon etwas über die **Steinzeitmenschen** wissen, vielleicht wie sie gelebt und sich ernährt haben. Zeigen Sie ihnen die Bilder von Höhlengemälden, und fragen Sie die Kinder, warum sie glauben, dass die Menschen vor ca. 30.000 Jahren wohl begonnen haben, Bisons, Mammuts, Löwen, Pferde und viele andere Tiere an die Wände zu malen. Geschah es zur Unterstützung der Jagd, waren die Tiere als Symbole gedacht, mit denen sich die frühe Menschheit identifizierte oder machte es ihnen einfach nur Spaß? Fragen Sie die Kinder, woher die Menschen vor so langer Zeit wohl die Farben und die Pinsel hatten, und erklären Sie ihnen, dass damals alles aus Naturmaterialien hergestellt wurde.

Alternativ ist der Einstieg in das Thema Höhlenmalerei auch in Form der **Geschichtenerzählung** möglich. Erzählen Sie den Kindern, wie die Höhlen von Lascaux in Frankreich 1940 von Kindern entdeckt wurden:
Damals kletterten vier Jungen mit ihrem Hund Robot auf die Spitze des Hügels von Lascaux, wo sie immer gern spielten. An diesem Tag jedoch fiel ihr Hund in ein Loch im Boden, und alle Befreiungsversuche scheiterten. Sie beschlossen, ausgerüstet mit Lampen und Seilen, zurückzukehren, um Robot zu befreien. Sie ließen sich nach und nach in das Loch hinab, ohne zu ahnen, dass sie einen der wichtigsten Orte der Prähistorie entdeckt hatten. Sie fanden Robot natürlich wieder, und später arbeiteten die Jungen als Höhlenführer. Erklären Sie den Kindern, dass sie nun – wie damals die Steinzeitmenschen – ihre eigene Höhlenwand bemalen dürfen, sobald sie diese selbst gestaltet haben.

Übung in Schrittfolgen: Malen wie die Steinzeitmenschen

Material

- Malplatten, 40 x 50 cm, weiß grundiert
- Gouachefarben in Weiß, Gelb, Rot, Ocker und Braun
- Kohlestift oder Äste zum Anrußen
- Ölpastellkreiden in Naturtönen
- Flachpinsel Gr. 3"
- Spachtel
- Spachtelmasse
- grober und feiner Sand
- Pastell-Fixativ
- Anschauungsmaterial: Bilder der Höhlen von Altamira, Lascaux oder Chauvet

Tipp
Feinen Sand erhalten Sie in der Tierhandlung als Vogelsand, groben Sand können Sie einem Sandkasten entnehmen. Alternativ erhalten Sie im Fachhandel für Künstlerbedarf Spachtelmasse, die bereits mit Sand angemischt ist.

1. Schritt

Zunächst wird die Höhlenwand gestaltet. Dazu mischt man etwa eine Tasse Spachtelmasse mit den unterschiedlichen Sandarten. Hinzu mischt man die Farbe Ocker und ein wenig Gelb, sodass am Ende eine zähe, gelbliche Masse entsteht. Lassen Sie die Kinder die Masse selbst umrühren, dann können sie spüren, wie viel Kraft man dazu braucht und wie die Materialien sich verbinden.

Achtung!
Diese Masse wird nach dem Trocknen sehr hart und kann nur schwer wieder entfernt werden. Folglich müssen Flecken gleich beseitigt werden. Achten Sie darauf, dass die Spachtelmasse beim Reinigen der Schüssel nicht in den Abfluss gelangt, da dieser verstopfen kann.

1. Schritt: Spachtelmasse anrühren

2. Schritt:
Spachtelmasse auftragen

Tipp
Die Bilder müssen beim Trocknen unbedingt liegen, da das Gewicht der Spachtelmasse sonst alles nach unten rutschen ließe.

2. Schritt

Mit Hilfe von Spachteln tragen die Kinder die angerührte Masse auf die Malplatte auf. Dabei darf die Struktur ruhig uneben sein, so wie es in einer echten Höhle ist. Nun muss die Spachtelmasse, am besten über Nacht, durchtrocknen. Hierbei ist Geduld gefragt, denn Föhnen hilft nicht, den Trocknungsprozess zu beschleunigen, sondern kann zu Rissen führen!

3. Schritt:
Alternatives Malwerkzeug herstellen

3. Schritt

Ist die Spachtelmasse vollständig getrocknet, kann die eigentliche Höhlenmalerei beginnen. Die Kinder können ihre prähistorischen Tiere entweder mit den Ölpastellkreiden und den Kohlestiften malen, oder sie können ihre Zeichnungen wie die Menschen vor 30.000 Jahren mit schwarzem Ruß anfertigen. Unter Aufsicht eines Erwachsenen lassen die Kinder dazu das Ende eines kleinen Astes über einer brennenden Kerze anrußen. Mit diesem schwarzen Ruß kann man nun auf der Malplatte wie mit Pastellen, Kreiden und Kohle malen.

4. Schritt:
Die fertige Höhlenwand bemalen

4. Schritt

Da der Untergrund sehr rau ist, und die Kinder in der Regel damit noch nicht vertraut sind, werden die Zeichnungen meistens nicht so exakt, wie die Kinder es von ihren Zeichnungen auf Papier kennen. An dieser Stelle können Sie die Kinder noch einmal darauf aufmerksam machen, dass die Höhlenmenschen auch abstrakt malten, und dass es nicht darauf ankommt, ein perfektes Tier zu malen.

Sind die Gouachefarben getrocknet, so müssen die Kohle- und Ölpastellzeichnungen unbedingt fixiert werden. Dies geschieht am besten mit einem Pastell-Fixativ in Form eines Sprays. Das Auftragen verhindert, dass die Pigmente der Kreiden beim Berühren verwischen. Erklären Sie den Kindern an dieser Stelle, dass das Fixieren dem Erhalt des Bildes dient und es vor Witterungseinflüssen schützt.

Wissenswertes

Erzählen Sie den Kindern, dass es früher keine Möglichkeiten der Konservierung gab, und dass es deshalb ein großes Glück ist, dass die Höhlenmalereien über so viele Jahrtausende hinweg erhalten geblieben sind. Sie können auch erwähnen, dass das Interesse der Menschen nach den Entdeckungen an den Höhlen so groß war, dass durch den massenhaften Andrang die Zeichnungen drohten, beschädigt zu werden, da mit dem Atem der Menschen auch Feuchtigkeit in die Höhlen gelangte. Zum Schutz der Höhlenmalereien wurden deshalb beispielsweise die Höhlen von Lascaux 1963 für alle Touristen geschlossen.

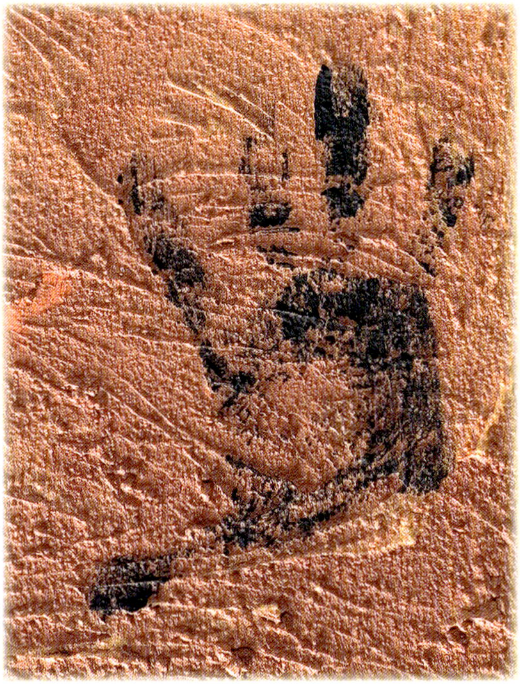

Alternative Motive

Erfahrungsgemäß haben die Kinder sehr viel Spaß daran, ihren eigenen Handabdruck auf die Höhlenwand zu bringen. Zeigen Sie den Kindern, dass auch Abbildungen von positiven und negativen Handabdrücken in den Höhlen zu finden sind. Um einen positiven Handabdruck zu erhalten, mischen Sie Braun mit etwas Rot. Das ergibt einen lehmartigen Farbton. Helfen Sie Ihren Kindern, die Hand auf die Malplatte zu pressen, da die Oberfläche uneben ist.

Arbeiten mit Naturmaterialien – Erbsen und Linsen

Bei der Gestaltung der Erbsenbilder steht kein Thema im engeren Sinne im Vordergrund. Vielmehr geht es darum, den Kindern durch die Arbeit mit den Hülsenfrüchten, die eine Herausforderung für die kleinen Hände bedeutet, zu zeigen, dass man nicht nur mit Farben schöne Bilder malen kann. Hier ist das **Experimentieren** wichtig, das Spielerische, das ganz nebenbei auch die **Feinmotorik** und die **Konzentration** fördert.

Überraschen Sie Ihre Kinder, und gehen Sie gemeinsam mit ihnen in der Küche auf die Suche nach Materialien, die geeignet sind, in ein Bild integriert zu werden. Neben Hülsenfrüchten jeglicher Art sind alle Lebensmittel, die in getrocknetem Zustand unverderblich sind, vorstellbar. Denkbar sind z. B. Kaffeebohnen, Bohnen, Mais, Reiskörner u. v. m.

Mit den gefundenen Lebensmitteln können die Kinder nun ein **Zuordnungsspiel** spielen. Füllen Sie die getrockneten Lebensmittel in kleine Schälchen und stellen Sie diese gemeinsam mit den entsprechenden frischen Lebensmitteln auf einen Tisch. Die Kinder sollen nun versuchen, die entsprechenden Gegenstücke zu finden.

Im folgenden Beispiel wurden Erbsen und Linsen gewählt, da das Gegenstück, nämlich frische Erbsenschoten, relativ einfach erhältlich ist. Lassen Sie die Kinder die Schoten öffnen und mit den getrockneten Erbsen vergleichen. Fragen Sie die Kinder weshalb es getrocknete Lebensmittel gibt, und erklären Sie ihnen, dass man durch die Trocknung die Haltbarkeit von Lebensmitteln verlängern kann, und dass dies in früheren Zeiten eine weit verbreitete Möglichkeit der Konservierung war.

Getrocknete Hülsenfrüchte eignen sich besonders gut zur Strukturbildung.

Übung in Schrittfolgen: Erbsen und Linsen

Material

- *Leinwände, 20 x 20 cm, weiß grundiert*
- *Gouachefarben in Weiß und nach Belieben*
- *Borstenpinsel Gr. 22, 16 und 4*
- *Spachtel*
- *kleine Schwämme*
- *Spachtelmasse*
- *evtl. Föhn*
- *Anschauungsmaterial: Hülsenfrüchte, z. B. Erbsen, Linsen, Bohnen; idealer Weise in getrockneter und in frischer Form als Schoten*

1. Schritt

Der erste Schritt bei der Gestaltung der Erbsenbilder ist das Auftragen der Spachtelmasse auf die Leinwände mit Hilfe von Spachteln. Dabei darf die Spachtelmasse ruhig üppig angelegt werden, sodass einige Hülsenfrüchte in der Masse versinken, andere gerade mal so kleben bleiben. Auch hier ist im Umgang mit der Spachtelmasse etwas Sorgfalt geboten, da die Masse, sobald sie erst einmal getrocknet ist, nur schwer zu entfernen ist.

1. Schritt: *Spachtelmasse auftragen*

2. Schritt:
Erbsen aufkleben

2. Schritt

Füllen Sie nun im zweiten Schritt die getrockneten Erbsen in kleine, handliche Gefäße, die die Kinder gut greifen können. Es erfordert viel Fingerspitzengefühl, die einzelnen Erbsen und die winzigen Linsen in die Spachtelmasse zu setzen. Lassen Sie den Kindern hierbei Zeit; vielleicht finden Sie eine angenehme Hintergrundmusik oder legen eine Hörspielkassette ein, sodass die Kinder nicht zu schnell die Geduld verlieren. Manche Kinder werden versuchen, bestimmte Muster zu legen (z. B. Herzen), was große Sorgfalt und Geduld erfordert, andere Kinder werden unserer Erfahrung nach früher oder später die Hülsenfrüchte einfach auf die Spachtelmasse kippen. Die Hülsenfrüchte müssen nicht gleichmäßig auf der Leinwand verteilt sein. Wichtig ist nur, dass die Erbsen und Linsen nicht in der Masse untergehen oder gar versenkt werden. Die Oberflächenstruktur sollte am Ende ganz deutlich die Erbsen- und Linsenstruktur abbilden.

Wie bereits im Abschnitt zur Höhlenmalerei erwähnt, gibt es bei der Trocknung von Spachtelmasse keine Möglichkeit, den Prozess zu beschleunigen. Da die Masse wirklich durchgetrocknet sein muss, bevor die Gouachefarbe ins Spiel kommt, bietet es sich an, alles über Nacht trocknen zu lassen. Und auch hier gilt: die Leinwände unbedingt horizontal trocknen, da das Gewicht der Spachtelmasse und der Erbsen sonst alles verzerren würde.

3. Schritt:
Erbsen weiß grundieren

3. Schritt

Bevor es nach der vollständigen Trocknung bunt wird, ist es empfehlenswert, die Leinwand leicht abzuklopfen, um lose Hülsenfrüchte zu entfernen. Um eine gute Farbbrillanz zu erreichen, sollten die gelblichen und orangen Linsen mit einem Pinsel oder mit kleinen Schwämmen weiß grundiert werden. Damit die etwas zähflüssige weiße Gouachefarbe auch in die Ritzen eindringen kann, sollte man die Farbe mit etwas Wasser verdünnen und mit einem Pinsel der Größe 16 in die Zwischenräume tupfen. Nach diesem Schritt muss die Grundierung trocknen. Jetzt kann man aber einen Föhn zu Hilfe nehmen. Nach wenigen Minuten ist das Bild bereit für die abschließende Farbgebung.

4. Schritt:
Farbe mit zwei Pinseln auftragen

4. Schritt

Bei der Farbwahl sollten die Kinder frei sein. Lassen Sie die Kinder zwei Farben auswählen, die ihnen gefallen und die gut miteinander harmonieren. Achten Sie jedoch darauf, dass die Kinder keine Komplementärfarben verwenden, sondern zwei Farben, die auf dem Farbkreis nahe beieinander liegen, denn die Farben werden sich beim Auftragen vermischen und dadurch interessante Effekte erzielen. Handelt es sich hierbei um Komplementärfarben, würde ein unansehnliches braunes Gemisch entstehen. Sollten Sie bei der Farbwahl unsicher sein, so werfen Sie einen Blick auf den Farbkreis. Erstellen Sie auf einem Papier eine Mischprobe, um abschätzen zu können, wie sich die beiden Farben zueinander verhalten. Die Farben werden dann wahlweise mit Pinsel oder Schwamm aufgetragen.

Alternative Motive

Lassen Sie die Kinder mehrere Leinwände gestalten, die in ihrer Farbgebung den Verlauf der warmen oder der kalten Farbharmonien des Farbkreises nachempfinden. Dies ist einerseits eine gute und sehr anschauliche Art, den Farbkreis zu besprechen und das Mischen von Farben zu üben, anderseits sieht es sehr schön aus, wenn mehrere der kleinen Leinwände zusammen aufgehängt werden.

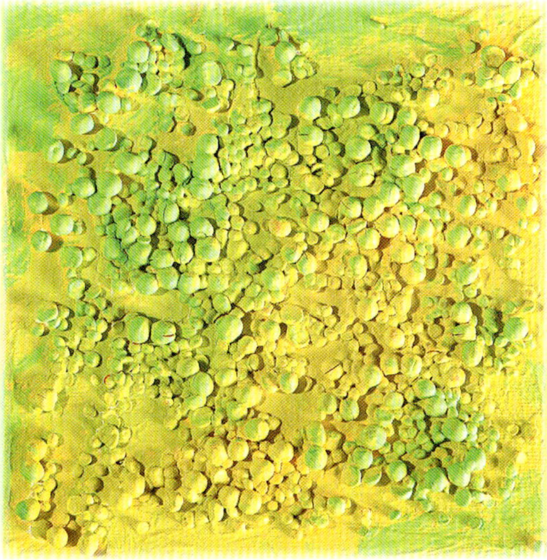

Collage mit Papier

Meeresbewohner

Tipp
Am besten in Einrichtungsgeschäften nach alten Tapetenbüchern fragen; diese werden gerne verschenkt und eignen sich für die unterschiedlichsten Arbeiten.

Um das Thema möglichst spannend einzuführen, empfehlen wir, mit den Kindern ein kleines **Spiel** zu machen: Legen Sie Gummitiere, Muscheln und Seesterne in eine Kiste mit einem Deckel. Jedes Kind darf mit geschlossenen Augen in die Kiste hineingreifen und sollte versuchen, einen Gegenstand zu ertasten und diesen zu erraten. Dann kann es ihn herausnehmen und den anderen Kindern zeigen. Wenn alle einen Gegenstand haben, fragen Sie die Kinder, ob sie das Thema erraten können. Fragen Sie die Kinder, welche Fische sie kennen, wo sie leben und welche anderen Meerestiere sie noch kennen (Seesterne, Krebse, Wale etc.). Vielleicht wissen die Kinder, welche Farben die Lebewesen im Meer haben, ob sie bunt und knallig sind, oder ob sie sich auf dem Meeresboden verstecken können, sodass man sie gar nicht von ihrer Umgebung unterscheiden kann.

Nachdem Sie die Lebewesen besprochen haben, konzentrieren Sie sich auf das Wasser und die Umgebung. Lassen Sie die Kinder von ihren **Stranderlebnissen** berichten; vielleicht hat der eine oder andere beim Schnorcheln interessante Dinge gesehen. Erwecken Sie die Erinnerung an bereits Gesehenes. Sie werden erstaunt sein, was sich später alles in den Bildern wiederfinden wird. Lassen Sie die Kinder mit den Gummitieren spielen. Dabei haben sie die Möglichkeit, diese von allen Seiten zu betrachten und genau zu untersuchen. Diese **haptische Erfahrung** fördert die Umsetzung von dreidimensional Gesehenem zu zweidimensional Gemaltem.

In der Überraschungskiste befinden sich viele lustige Meeresbewohner.

Übung in Schrittfolgen: Meeresbewohner

Material

- *Leinwände, 20 x 50 cm, weiß grundiert*
- *Gouachefarben in Weiß, Orange, Cyanblau, Ultramarinblau und Blaugrün*
- *Buntstifte oder Wachsmalstifte in ähnlichen Farben*
- *Borstenpinsel Gr. 22, 16 und 4*
- *Flachpinsel Gr. 3"*
- *Glanzfirnis*
- *Tapetenkleister*
- *Tapetenreste*
- *Scheren*
- *evtl. Föhn*
- *Anschauungsmaterial: Kinderlexika, Bildbände, Kinderbücher über verborgene Schätze auf dem Meeresgrund, Gummitiere, Muscheln oder getrocknete Seesterne*

1. Schritt

Mischen Sie mit den Kindern verschiedene Blau-Grüntöne. Es kann auch ruhig ein türkisfarbener Ton dabei sein. Wenn Sie die Töne dunkler oder heller mischen möchten, tönen Sie sie mit Weiß oder Schwarz ab. Wenn Sie unsicher sein sollten, machen Sie einen Farbtest auf Papier. Mit den vorbereiteten Farben wird der Meereshintergrund gemalt. Lassen Sie die Kinder Akzente setzen. Dies geschieht beispielsweise durch viel Farbe, die nach oben mit Wasser verdünnt wird und ausläuft. Mit Hilfe des Flachpinsels können die Kinder die Wellen des Meeres andeuten. Interessante Ergebnisse erhält man, indem man einzelne weiße Flächen stehen lässt.

Tipp

Wir empfehlen, die Blautöne mit einem Tropfen der Komplementärfarbe Orange zu brechen. Das hat den Vorteil, dass die Farben schöner aussehen, als direkt aus der Tube.

1. Schritt:
Farbe auftragen

2. Schritt:
Keilrahmenränder bemalen

2. Schritt

Einen weiteren schönen Effekt erzielt man durch das bewusste Nebeneinandersetzen von kaltem (Cyan) und warmem Blau (Ultramarin). Hier müssen Sie die Kinder anleiten und ihnen die richtigen Farben in die Hände geben.

Vergessen Sie die Ränder der Leinwand nicht. Diese können mit einem kleinen Schwamm farbig gestaltet werden. Achten Sie darauf, dass die Kinder ihre Bilder nicht „zumalen". Stoppen Sie sie im richtigen Augenblick, und beginnen Sie mit dem nächsten Schritt. Die Leinwand muss gut trocknen. Legen Sie diese dazu zur Seite, oder nehmen Sie den Föhn zur Hilfe.

3. Schritt:
Fische zeichnen und ausschneiden

3. Schritt

Die Kinder sollen auf der Rückseite der Tapetenreste mehrere Meeresbewohner zeichnen. Gerne vertiefen sich die Kinder in Details, wie z. B. Flossen, Schuppen, Augen oder Mund. Alles, was zuvor besprochen wurde, wird mit verschiedenen Buntstiften umgesetzt.

Es kann vorkommen, dass die Kinder die Meeresbewohner auf die Vorderseite der Tapete zeichnen. Dies ist gar kein Problem, auch wenn der Strich des Stiftes sichtbar ist – das kann durchaus interessant aussehen. Ermutigen Sie ein Kind, wenn es etwas falsch gemacht hat – man kann aus fast allem mit ein bisschen Fantasie noch etwas zaubern. Beim Ausschneiden können Sie kleineren Kindern noch ein wenig helfen. Sollte einmal etwas fälschlicherweise abgeschnitten werden, kann man es später wieder beim Aufkleben reparieren.

4. Schritt:
Fische aufkleben

4. Schritt

Die Fische und ihre Freunde werden zunächst auf die Leinwand gelegt. Jedes Tier bekommt seinen Platz. Einige Kinder haben gerne Ordnung auf ihrer Leinwand und legen ihre ausgeschnitten Teile in gleichmäßigen Abständen und Mustern auf. Durchbrechen Sie diese Monotonie, indem Sie kompositorisch helfen.
Nachdem jeder Bewohner seinen Platz gefunden hat, wird die Rückseite der Tiere dick mit Tapetenkleister eingestrichen. Hierzu kann der Pinsel der Größe 6 verwendet werden. Danach sollten Sie leicht mit dem Pinsel über die Tiere streichen und darauf achten, dass die Ränder kleben und nicht hoch stehen. Der Glanz des Tapetenkleisters verschwindet, wenn er getrocknet ist. Sollte dies nicht der Fall sein, können Sie anschließend die getrocknete, fertige Arbeit mit Glanzfirnis einsprühen. Dies hat den Vorteil, dass das Bild fixiert wird und so auch vor Umwelteinflüssen geschützt ist.

Wissenswertes

Fragen Sie die Kinder nach dem Namen ihrer Tiere, oder erfinden Sie eine kleine Geschichte, wie beispielsweise die folgende: Der alte Fred unternimmt mit seinem Bruder Oskar einen Ausflug zu seiner Tante Else, die im Wrack neben dem Riff wohnt. Die Kinder bekommen einen Bezug zu ihrem Bild, es wird etwas Besonderes für sie, und es macht viel Spaß.

Collage mit Holz

Herzbild

Nutzen Sie die **Flüsterpost**, um das Thema bei den Kindern einzuführen. Die Kinder sitzen im Kreis und ein Erwachsener flüstert dem ersten Kind das Wort: „Herzen" ganz leise ins Ohr. Das Kind flüstert dann das Gehörte seinem Nachbarn ins Ohr. Ist die Flüsterpost beim letzten Kind angekommen, sagt dieses laut, was es verstanden hat. Aus dem Wort „Herzen" wird vielleicht das Wort „Kerzen", Schmerzen" oder „Scherzen". Die Kinder haben dabei bestimmt viel Spaß.

Übung in Schrittfolgen: Herzen

Material

- *Leinwände 20 x 20 cm, weiß grundiert*
- *Gouachefarben in Rot, Orange, Magenta und Violett*
- *Borstenpinsel Gr. 22, 16 und 4*
- *Heißklebepistole*
- *Holzherzen*
- *Collagematerial: Zeitungspapier, Notenpapier, alte Liebesbriefe*
- *Tapetenkleister*
- *Pastell-Fixativ*
- *Föhn*
- *Küchenrolle*

1. Schritt

Zunächst wählen die Kinder ihre Farben für dieses Bild aus. Sollte ein Kind eine exotische Farbe für dieses Projekt aussuchen, sollte es diese auch benutzen dürfen. Mischen Sie mit den Kindern die Farben an.

Sollten Sie eine Collage als Hintergrund auswählen, müssen Sie diese zuvor aufkleben. Dabei sollten Sie den Kindern helfen. Gehen Sie folgendermaßen vor: Zuerst fixieren Sie die Collageobjekte. Dabei kann es sich um Zeitungspapier, Notenblätter oder Liebesbriefe handeln. Dazu verwenden Sie am besten Pastell-Fixativ. Sprühen Sie dieses auf das Papier, das aufgeklebt werden soll, damit die Schrift später nicht verwischen kann. Lassen Sie das Fixativ trocknen. Danach legen Sie das Papier kurz in ein Waschbecken, sodass das gesamte Blatt mit Wasser bedeckt ist. Legen Sie das nasse Papier mit der Vorderseite nach unten auf eine Unterlage, und bestreichen Sie die Rückseite des Blattes und die Leinwand mit Tapetenkleister. Als Nächstes kleben Sie das Papier auf die Leinwand. Überschüssiges Wasser wird mit einer Küchenrolle abgerollt, dabei wird das Papier fest auf die Leinwand gedrückt. Die Collage muss trocknen, bevor Sie weiterarbeiten. Dazu können Sie einen Föhn zu Hilfe nehmen.

2. Schritt

Mit der Farbe ihrer Wahl gestalten die Kinder den Hintergrund. Wenn Sie mit einer Collage arbeiten, wird diese so grundiert, dass der Untergrund noch durchschimmert. Lassen Sie die Kinder experimentieren. Sie können mit Gegenständen, die sie in ihrer unmittelbaren Malumgebung finden, Spuren in die nasse Farbe kratzen, ritzen oder drücken. Vielleicht wollen die Kinder auch eine geheime Botschaft verstecken.

1. Schritt:
Collage andrücken

2. Schritt:
Muster einritzen

3. Schritt:
Herzen bemalen

3. Schritt

Während die Leinwand trocknet, legen Sie die Holzherzen auf ein Stück Zeitungspapier. Mit dem Pinsel dürfen die Kinder die Herzen individuell gestalten. Sie können die Herzen einfarbig oder mit verschiedenen Mustern bemalen. Hierzu eignen sich beispielsweise Streifen, Punkte oder Tigermuster. Danach muss die Bemalung auf den Herzen trocknen.

Achtung!
Die Pistole und der Kleber werden sehr heiß; die Kinder können sich daran verbrennen. Diesen Schritt sollte eine erwachsene Person durchführen!

4. Schritt:
Herzen aufkleben

4. Schritt

Nach dem Trocknungsprozess werden die bemalten Holzherzen auf die Leinwand geklebt. Verwenden Sie hierzu eine Heißklebepistole. Die Kinder dürfen zwar den Platz aussuchen, den das Herz auf der Leinwand bekommen soll, aber der Erwachsene übernimmt das Arbeiten mit der Heißklebepistole und das Platzieren der Herzen auf dem Keilrahmen.

Arbeiten mit Gips

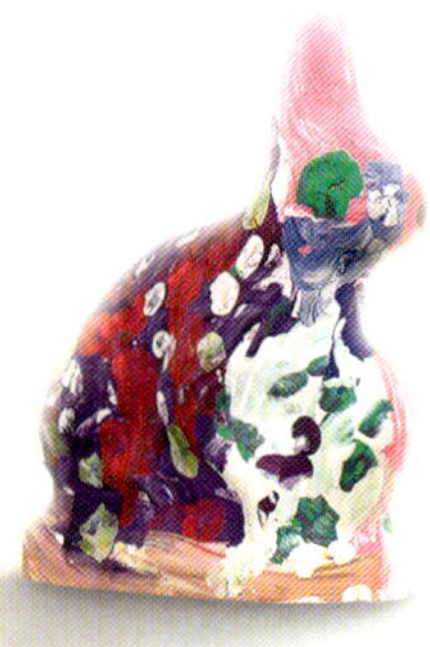

Osterhasen

Beim Thema „Osterhasen" kann ein Erwachsener den Kindern zur Einführung eine **interaktive Osterhasen-Geschichte** vorlesen. Der Vorteil liegt darin, dass die Kinder nicht nur passiv dem Verlauf der Geschichte folgen, sondern sich in die Charaktere hineinversetzen können und aktiv an der Geschichte teilhaben. Folgende Ostergeschichte, die auch Gelegenheit bietet, das **Farbenmischen** mit den Kindern zu üben, haben wir uns ausgedacht: Die Kinder sitzen in einem Kreis auf dem Boden, und in die Mitte werden Eier und kleine Stoff-Osterhasen gestellt.

Fips, der Hase

„Endlich, ...", dachte Fips, der jüngste Hase der Familie, „ ... endlich bin ich groß genug, um mit meinen Brüdern und Schwestern an Ostern die Eier bemalen zu dürfen." Lange hatte Fips auf diesen Augenblick gewartet, denn bisher war Fips noch zu ungeschickt gewesen, um mit den zerbrechlichen Eiern behutsam umgehen zu können. Seine Mutter hatte ihn in den letzten Jahren an Ostern immer zuhause bei Hasenopa Hoppelpoppel gelassen, der bereits zu alt und zu müde war, um den weiten Weg zu den Menschen mitzuhoppeln. Fips mochte seinen Opa sehr gerne, und er liebte es, mit seinen kleinen Hasenlöffeln den spannenden Geschichten von Opas besten Eierverstecken zu lauschen. Doch viel lieber wäre er seinen anderen Familienmitgliedern gefolgt, um zu sehen, ob sich die Menschenkinder über die schönen bunten Eier freuten.

Bis Ostern waren es noch einige Tage, und viel Arbeit lag noch vor den kleinen Hasen, bis es endlich ans Verstecken gehen sollte. Deshalb saßen die Hasenkinder Tag ein Tag aus an ihren kleinen Tischen und bemalten eifrig die Eier mit ihren Farben – alle, bis auf Fips. Fips war nämlich noch nicht in der Hasenschule und wusste daher nicht, woher er die Eier, die er bemalen wollte, nehmen sollte. „Von mir auf jeden Fall nicht!" entgegnete ihm sein älterer Bruder Flöckchen, „Die brauche ich alle selbst".

- *Fragen Sie die Kinder: Woher sollte Fips denn die Eier nehmen?*

Mit sorgenvoller Miene kuschelte sich Fips an Hoppelpoppel, der den kleinen Hasen an sich drückte. Hoppelpoppel flüsterte ihm ins Ohr: „Schnell, lauf' rüber zum Hühnerstall und frage das Huhn Berta nach ihren Eiern. Sie hat bestimmt noch ein paar für dich." Das ließ Fips sich nicht zweimal sagen. Er hoppelte, so schnell er konnte, zu Berta, die tatsächlich noch drei Eier für Fips aufgehoben hatte.

- *Holen Sie drei Eier hervor.*

Berta war eine gute Legehenne, doch leider waren ihre Eier nicht die größten. Als Fips sich einen Platz am Maltisch erkämpft hatte, und seine Eier vor sich auf den Tisch legte, ging ein Hasengekicher durch den Raum. „Was sind das denn für Mickerlinge?", lachte sein Bruder Mümmel. „Die musst du wohl erst noch ein bisschen aufpusten!"

Fips war ein wenig traurig. Sein einziger Trost war es, dass er nun endlich die Eier anmalen durfte. Er schnappte sich seinen Malkittel, wollte gerade Pinsel und Farben holen, als er bemerkte, dass die schönsten Farben alle bereits an seine Geschwister vergeben waren. Und er wagte nicht zu fragen, ob er die Farben mitbenutzen dürfte. Nur noch Schwarz und Weiß waren in großen Mengen übrig geblieben. Doch welches Menschenkind würde sich über schwarze Eier freuen? Und weiße Eier mit weißer Farbe anzumalen, machte auch keinen Sinn. Also drückte er die letzten Reste aus den anderen, fast leeren Farbtuben auf seinen Malteller: etwas Rot, Blau und Gelb.

- *Geben Sie Farbkleckse auf einen Malteller.*

Doch keine der Farben reichte aus, um eines der drei Eier ganz zu bemalen.

Was sollte Fips nur tun? Sollte er doch nicht mit zum Eierverstecken gehen können, weil seine

Eier nicht angemalt waren? Da kam Fips eine Idee. Opa Hoppelpoppel hatte ihm davon berichtet, wie man Farben mischen konnte. Aber so ganz genau konnte er sich nicht erinnern. Fips überlegte angestrengt.

- Welche Farbe würde sich ergeben, wenn er das restliche Rot mit etwas Blau mischen würde?

Fips probierte es einfach aus. Das kalte Blau verband sich auf dem Teller mit dem warmen Rot zu einem wunderbaren Violettton. Fips Herz hüpfte vor Freude. Er hatte eine tolle Farbe für sein erstes Ei gemischt. Fips fühlte sich nun ermutigt, eine weitere Farbe für sein zweites Ei zu mischen. Etwas Blau war noch übrig, und so wollte er es mit dem Gelb mischen. Fips war ganz aufgeregt. Hoffentlich würde es wieder gelingen. Und tatsächlich: Fips hatte ein schönes, sattes Grün gemischt. Sein zweites Ei war gerettet. Nach und nach kamen seine Geschwister näher, um zu sehen, was Fips da anstellte.

Nun fehlte nur noch die Farbe für sein drittes Ei. Fips sah sich die Farbreste an. Er hatte aber nur noch Schwarz, Weiß und die selbst gemischten Farben. Lotti, die auch näher herangerückt war, bot ihm wortlos ihre Farben an. Aber Fips lehnte dankend ab, er hatte eine andere Idee. Er wollte sein Violett mit Weiß mischen und den Grünton mit ein wenig Schwarz. Ob das wohl gut ging?

- Was würde das ergeben? Mischen Sie die Töne.

Mit offenen Hasenmündern standen die Geschwister um Fips herum, der den Pinsel schwang. Das Violett verband sich mit dem Weiß zu einer Farbe, die aussah, wie der Fliederbusch vor dem Hasenhäuschen. Das Grün wurde durch das bisschen Schwarz so dunkel, dass Fips sofort die saftigen Blätter seines Lieblingskrautes in den Sinn kamen. Sein drittes Ei war also gerettet. Fliederfarben sollte es werden und dunkelgrüne Punkte haben. Fips war zufrieden mit seinen Ostereiern. Vergessen war, dass Bertas Eier so klein waren. Mit Fips Farben sahen sie einfach prächtig aus. Flöckchen, Mümmel und Lotti staunten mit großen Augen und fragten sich anerkennend, wo Fips nur gelernt hatte, so gut mit Farben umzugehen. Doch Fips schwieg und warf seinem Opa Hoppelpoppel einen stolzen, zufriedenen Blick zu. Nun wusste er, dass er nichts verpasst hatte, als er gemeinsam mit Opa zuhause geblieben war und dessen Erzählungen gelauscht hatte, während die anderen Osterhasen Eier versteckten.

Beim Erzählen der Osterhasen-Geschichte werden einige Farben gemischt.

Übung in Schrittfolgen: Osterhasen

Planen Sie eine Vorbereitungszeit von etwa drei bis vier Tagen ein.

Material

- *Gips, schnell trocknend*
- *Osterhasen-Backform, zweiteilig*
- *Gouachefarben nach Belieben*
- *Borstenpinsel Gr. 22, 16 und 4*
- *alter Schneebesen*
- *altes Plastikgefäß*
- *Kuchenform*
- *Schuhkarton*
- *Zeitungspapier*
- *Schmirgelpapier*

1. Schritt:
Gips in Form gießen

Achtung!
Gipsreste nicht in den Abfluss des Waschbeckens gießen, sonst verstopft das Rohr!

1. Schritt

Zu Beginn werden die Osterhasen aus Gips gegossen. Da der Gips sehr schnell trocknet, sollten Sie die Form schon zusammengebaut haben, damit Sie zügig arbeiten können. Rühren Sie in einem alten Plastikgefäß die Gipsmasse nach Packungsanweisung mit einem Schneebesen an. Rühren Sie nur so viel Gipsmasse an, wie Sie für einen Hasen benötigen. Lassen Sie die Masse in die Kuchenform laufen. Ist die Form mit Gips gefüllt, streichen Sie die Fläche glatt, damit der Hase später beim Stehen nicht wackelt. Achten Sie darauf, dass kein Gips in dem Gefäß bleibt. Schütten Sie die Reste in einen mit Zeitung ausgelegten Schuhkarton.

2. Schritt:
Hasen aus der Form nehmen

2. Schritt

Nach etwa 15 bis 20 Minuten wird der Gips in der Kuchenform fest. Nehmen Sie vorsichtig die Form ab, und lassen Sie den Hasen trocken. Danach können Sie weitere Hasen gießen, wenn Sie möchten. Wir empfehlen, die Hasen so lange wie möglich trocknen zu lassen (drei bis vier Tage wären optimal). Die Hasen sollten ganz durchgetrocknet sein. Das erkennen Sie daran, dass der Gips ganz hell wird. Ist dies nicht der Fall, blättert später die Farbe ab.

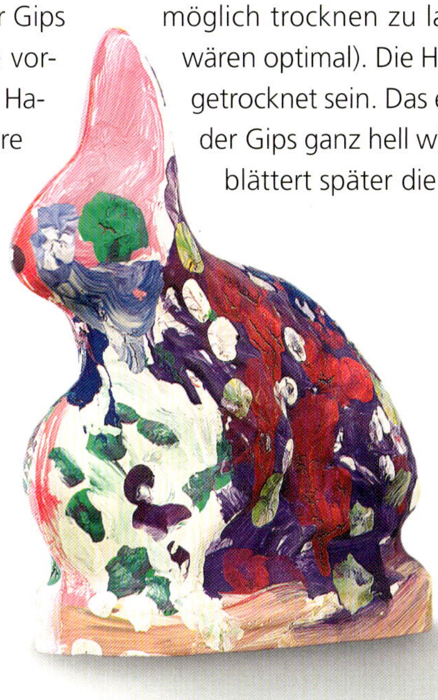

3. Schritt:
Gipshasen abschleifen

3. Schritt

Manchmal ist eine kleine Kante an der Stelle zu sehen, an der die zwei Formen aneinander stoßen. Sollte Sie dies stören, schleifen Sie mit ein wenig Schmirgelpapier die Kante vorsichtig ab. Bitte führen Sie diesen Schritt nur bei getrockneten Hasen durch.

Achtung!
Sie sollten die Hasen nicht ins Freie stellen, da die Witterung Gips und Farbe zerstört.

4. Schritt:
Hasen bemalen

4. Schritt

Jetzt dürfen die Kinder die Hasen nach ihren Vorstellungen bemalen. Achten Sie bei der Farbwahl darauf, den Kindern keine Komplementärfarben zu geben, da die Mischung der beiden Farbtöne meist ein hässliches Graubraun ergibt. Nun müssen die gemalten Hasen nur noch trocknen.

Experimentelles Arbeiten

Abkühlung in der Sommerhitze

Die Idee zum Malen mit Eisfarben kam uns in der heißen Sommerzeit, als wir in der Kleckswerkstatt alle unter der Hitze stöhnten. Wir wollten Farben herstellen, die uns erfrischen und kamen so auf die Idee der Eisfarben. Beachten Sie: Es kommt nicht auf das Ergebnis an; es geht darum, **Farben** auch einmal zu **fühlen**!

Übung in Schrittfolgen: Malen mit Eisfarben

Material

- *Papier, mindestens 200 g/m²*
- *Gouachefarben nach Belieben*
- *Gefrierbeutel für Eiswürfel*
- *Wasser*
- *Scheren*

In diesem Kapitel geht es darum, Kinder mit Farben experimentieren zu lassen. Der Prozess soll im Vordergrund stehen. Natürlich sollen die Kinder dabei Spaß haben, was allerdings mit einschließt, dass es bei den Experimenten richtig farbenfroh zugeht. Die ideale Malumgebung ist folglich im Freien!

Die Eisfarben können in verschiedenen Farbtönen erzeugt werden.

1. Schritt

Zunächst muss die Gouachefarbe mit Wasser verdünnt werden, da sie sonst zu zähflüssig ist, um in einen Gefrierbeutel gefüllt zu werden. Mischen Sie die Farben im Verhältnis 1:1 mit Wasser. Bereiten Sie mehrere Farbtöne vor.

Füllen Sie die Eiswürfelbeutel mit den verdünnten Farben. Sollte das Einfüllen durch die relativ dünnen Einfüllöffnungen schwer fallen, so nehmen Sie einen Trichter zu Hilfe. Sie können entweder eine Farbe pro Eiswürfelbeutel nehmen oder aber auch zwei Farben nacheinander in den Beutel füllen, die gut miteinander harmonieren. Nachdem die Beutel gut verschlossen sind, müssen sie für einige Stunden in das Eisfach Ihres Kühlschranks gelegt werden.

Achtung!
Sollten Sie mit kleineren Kindern arbeiten, so machen Sie diesen vor Beginn des Malens noch einmal deutlich, dass es sich bei den Eisfarben nicht um Lebensmittel handelt!

1. Schritt:
Verdünnte Gouachefarbe abfüllen

2. Schritt:
Eisfarben fühlen

2. Schritt

Sobald die Farben gefroren sind, kann der Spaß beginnen! Öffnen Sie die Beutel mit Hilfe einer Schere, und lassen Sie die Kinder die Eisfarben in die Hände nehmen. Erklären Sie ihnen, dass die Eisfarben durch die Körpertemperatur ihrer Hände anfangen, zu schmelzen, und fragen Sie sie, wie sich das anfühlt.

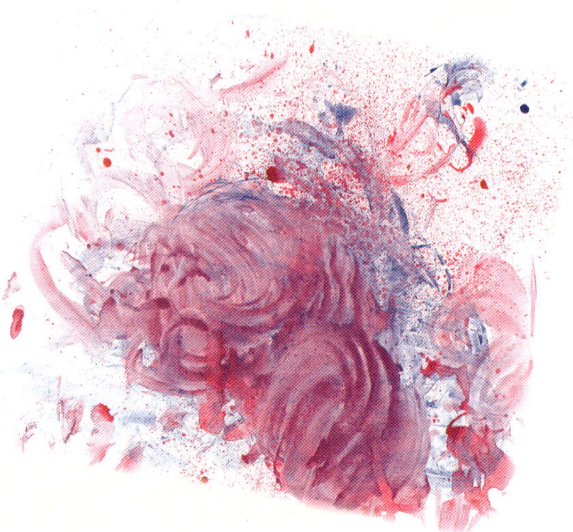

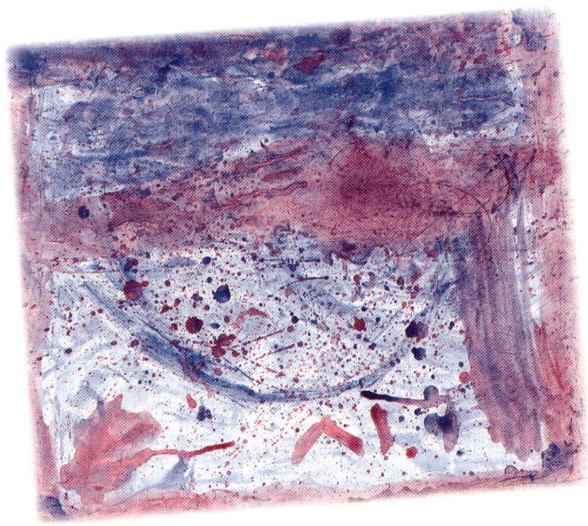

3. Schritt:
Farben auftragen

3. Schritt

Die Kinder dürfen auf dem Papier mit den Eisfarben experimentieren und ganz frei malen. Vielleicht findet sich ja nach diesem Experiment noch ein richtiges Speiseeis für die Kinder in Ihrem Kühlfach!

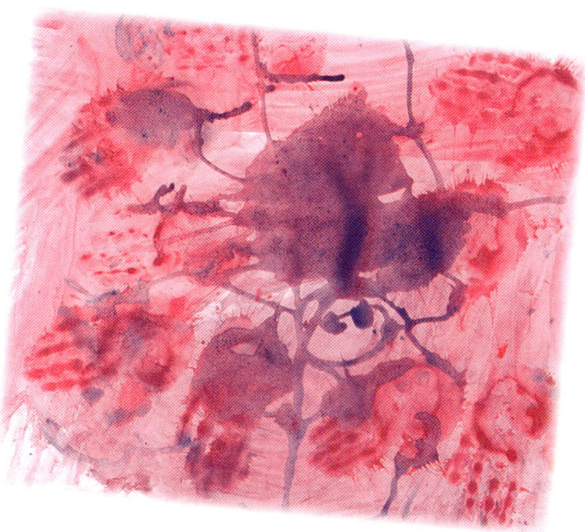

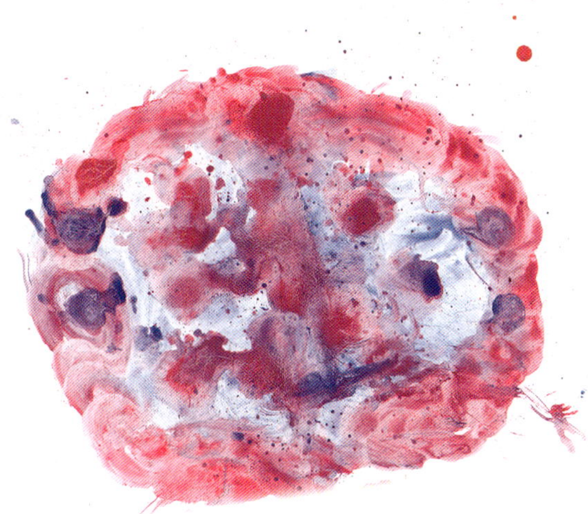

Action painting mit der Malmaschine

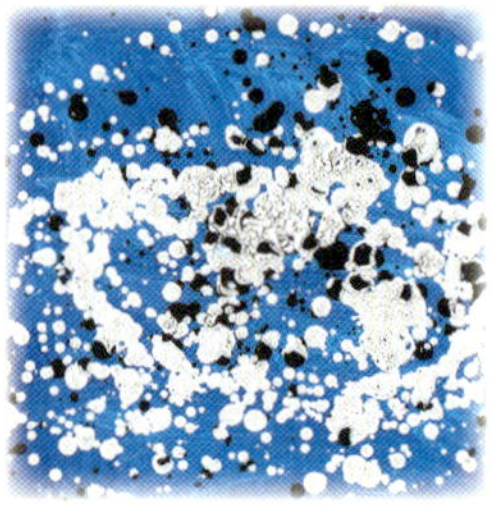

Das zweite Experiment ist wieder ein äußerst farbenfrohes Erlebnis. Dabei soll sich an den so genannten "**drippings**" des amerikanischen Künstlers Jackson Pollock orientiert werden. Genau wie Pollock sollen die Kindern Farben auf Leinwände schleudern und schütten und sich überraschen lassen, wie die Ergebnisse aussehen. Am effektivsten erscheint hier der Bau einer Malmaschine, was den Kindern schon in der Vorbereitung großen Spaß macht.

Als Einführung in das Thema können Sie den Kindern einige Arbeiten von Jackson Pollock zeigen und ihnen erklären, wie seine weltberühmten **dripping**-Bilder (engl. „to drip" = tropfen) entstanden sind. Vielleicht lesen Sie den Kindern hierzu folgenden Ausschnitt aus Pollocks Biographie vor, der den Malprozess folgendermaßen beschreibt:

„Nachdem die Scheune als Atelier hergerichtet worden war, hatte Pollock genügend Platz, um auch große Formate zu bearbeiten. Die Leinwand lag auf dem Boden, sodass er sie von allen vier Seiten angehen konnte. Die Farbe wurde dabei selten mit Hilfe eines Pinsels, sondern mit Stöcken oder einem Palettenmesser aufgetragen, ohne dass jemals die Leinwand berührt wurde. Den Farbtopf in der Linken, schleuderte und schüttete Pollock die Farbe in immer neuen Anläufen auf die horizontal ausgebreitete Fläche". *1

Übung in Schrittfolgen: „Drippen" wie die großen Künstler

Material

- *Leinwände, 30 x 40 cm, weiß grundiert*
- *Gouachefarben nach Belieben*

Für die Malmaschine:

- *zwei Holzböcke, Stühle oder Staffeleien*
- *Stab, rund, ca. 130 cm lang (Besenstiel)*
- *Paketschnur*
- *kleiner Handbohrer*
- *mehrere leere Plastikbecher*
- *Plastikfolie zum Abdecken des Bodens*
- *Anschauungsmaterial: Drippings von Jackson Pollock*

1. Schritt

Zunächst wird gemeinsam mit den Kindern die Malmaschine gebaut. Beginnen Sie damit, den Fußboden mit einer großen Plastikfolie abzudecken, das erspart Ihnen hinterher viel Arbeit, da beim Spritzen garantiert so manches „Dripping" nicht auf der Leinwand landen wird. Stellen Sie dann die beiden Holzböcke im Abstand von etwa einem Meter parallel nebeneinander auf, und verbinden Sie sie mit dem Holzstab, der quer über die Böcke gelegt wird. Bohren Sie mit Hilfe des Handbohrers Löcher in die Unterseite der leeren Plastikbecher, in manche Becher große, in andere kleine Löcher, in manche Becher viele, in andere vielleicht nur eines. Hier muss man ein wenig experimentieren. Am oberen Rand der Becher werden ebenfalls zwei kleine Löcher gebohrt, durch die die Paketschnur gezogen wird. Je länger die Schnur ist, umso größer sind die Pendelbewegungen der Plastikbecher. Hängen Sie die Becher an dem Holzstab auf – und fertig ist die Malmaschine.

2. Schritt

Lassen Sie die Kinder eine Farbe wählen, mit der sie ihre Leinwände grundieren möchten, und stimmen Sie daraufhin ab, welche Farben für das „Dripping" verwendet werden sollen. Für das Grundieren eignen sich am besten kleine Schwämme, die etwas angefeuchtet in Farbe getaucht werden. Vergessen Sie nicht, die Seitenränder der Leinwände zu bemalen. Während die Grundierungen trocknen, gehen die Kinder zum Experimentieren über.

1. Schritt:
Malmaschine bauen

2. Schritt:
Leinwand grundieren

Tipp
Wenn möglich, sollten die Kinder beim Einfüllen der Farbe die Löcher zuhalten oder sie mit einem größeren Becher verschließen. Dies verhindert, dass gleich zu Beginn ein einziger großer Farbklecks auf der Leinwand entsteht.

3. Schritt:
Farbe einfüllen

3. Schritt

Nun müssen die Farben für das „Dripping" vorbereitet werden. Da Gouachefarben für ein leichtes Tropfen zu zähflüssig sind, werden sie etwas mit Wasser verdünnt, aber gerade nur mit so viel, dass sie geschmeidig durch die Löcher der Plastikbecher laufen.

Jetzt geht die eigentliche Kleckserei los. Beginnen Sie zunächst mit nur einem Becher, um etwas Übung zu bekommen, und legen Sie zur Probe ein großes Blatt unter die Malmaschine. Anschließend füllen Sie den ersten Becher rasch mit einer Gouachefarbe.

Tipp
Vergessen Sie bei diesem Experiment keinesfalls als Erwachsener auch ein Maloutfit zu tragen!

4. Schritt:
Farbe drippen

4. Schritt

Das „Dripping" beginnt, indem die Kinder die Löcher freigeben und den Becher anstoßen: Mal stoßen sie ihn schnell an, mal langsam, mal wild, mal gemächlich; dabei kann der Becher ellipsenförmig schwingen oder gerade pendeln. Soll der Farbfluss gestoppt werden, halten die Kinder wieder den großen Becher unter die Löcher.

Haben die Kinder den Dreh mit einem Becher raus, erhöhen Sie den Schwierigkeitsgrad etwas, indem Sie mehrere Becher an den Stab hängen. Natürlich braucht man dann ein paar mehr Hände, die mithelfen, den Farbfluss zu stoppen, oder die Becher anzustoßen. Das Ganze verlangt etwas Übung.

Wenn die Kinder genug experimentiert haben, tauschen Sie das Papier mit der inzwischen getrockneten Leinwand aus und lassen die Kinder auf die Leinwand „drippen". Hierbei entscheidet jedes Kind selbst, wann das Bild fertig ist. Ein Pollock lässt sich schließlich auch nicht stoppen, nur weil seine Malumgebung vollkommen verkleckst ist.

Farbe kann auch mit alten Zahnbürsten, Pipetten oder Plastikspritzen ohne Nadel gekleckst werden.

Fragen Sie die Kinder, was sie beim „Drippen" mit der Malmaschine empfunden haben, und lesen Sie ihnen vor, wie Jackson Pollock diesen Malprozess erlebt und beschrieben hat: *„Am liebsten tacker ich die ungespannte Leinwand an die harte Wand oder auf den Fußboden. Auf dem Boden fühle ich mich wohler. Da bin ich dem Gemälde näher, fühle mich mehr als Teil von ihm, denn so kann ich um es herumgehen, von allen vier Seiten daran arbeiten und buchstäblich im Gemälde mittendrin sein."* *2

Alternative Möglichkeiten

Unserer Erfahrung nach wird es beim Spritzen und Klecksen mit Hilfe der Malmaschine nicht bleiben, da viele Kinder sich – wie Pollock – inspiriert fühlen, allerhand andere Gegenstände auszuprobieren, mit denen sie Farbe auf die Leinwand spritzen können.
Unterstützen Sie diesen kreativen Drang, indem Sie den Kindern des Weiteren Pinsel, Zahnbürsten, Pipetten, Stöcke oder ähnliches zur Verfügung stellen; einfach alles, womit man Farbe auf die Leinwand befördern kann. Allerdings sollten Sie dann das ganze Projekt, wie bereits am Anfang geraten, wirklich ins Freie verlegen!
Auch wenn die Kinder im Nachhinein ziemlich verschmiert sind und die Fläche rund um die Malmaschine voller Farbe ist: Es wird den Kindern eine Menge Spaß bereiten, und das entschädigt für das Aufräumen.